Schirner Verlag

ISBN 3-89767-115-8

Titel der Originalausgabe:
„Humble Table, Wise Fare – Hospitality for the Heart, Volume 1“

Erste Auflage 2002

Umschlag: Murat Karaçay
Satz und Redaktion: Kirsten Glück
Druck und Bindung: Legoprint S.p.A., Lavi (Italia)

Meister Hsing Yun

Buddhas kleines Stundenbuch

(Die Wurzeln des Dharma)

Übersetzung aus dem Amerikanischen von Claudia Stevens

Schirner Verlag

Der Autor:
Meister Hsing Yun wurde im Alter von fünfzehn Jahren im Chi Xia Shan-Kloster in Jiangsu, China, ordiniert und verbrachte über fünfzig Jahre seines Lebens damit, das Dharma zu lehren. Er gründete das Kloster Fo Guang Shan in Taiwan sowie die Buddha's Light International Association, eine weltweit arbeitende Organisation, die sich der Verbreitung des Buddhismus widmet. Meister Hsing Yun ist der 48. Patriarch in der Linchi-Schule des Zen-Buddhismus und Autor zahlreicher Bücher sowie Essays zum Thema Buddhismus.

Das Buch:
In den vielen Jahren, die Meister Hsing Yun das Dharma lehrte, sammelten sich in seinen Aufzeichnungen Wortperlen der buddhistischen Lehre von starker Aussagekraft und philosophischer Anmut, die sich nun gesammelt in diesem Werk wiederfinden. Jeder einzelne Spruch ist von tiefem Sinn erfüllt und kann so als Motto für unseren Alltag und unseren täglichen Umgang mit Menschen dienen.

Vorwort

„Die Wurzeln des Gemüses“ ist ein chinesisches Buch, das von Hung Tz-cheng während der Ming-Dynastie (1368–1644) verfaßt wurde. Seither wurden viele Ausgaben davon gedruckt – manche wurden kostenlos teilt. Einige enthalten hübsche Illustrationen; vor ein paar Jahren erschien eine solche mit Zeichnungen des bekannten taiwanesischen Cartoonisten Tsai Chih-Chung. Mir kam zu Ohren, daß das Buch nun auch auf dem chinesischen Festland eine große Verbreitung erfährt. Die Illustrationen führen nicht nur dazu, daß es mehr Freude bereitet, das Buch zu lesen, sondern sie tragen auch dazu bei, daß die Menschen die Grundlagen des menschlichen Verhaltens besser verstehen. Die Verbreitung des Buches ist wirklich eine große Bereicherung.

Als ich jung war, las ich oft „Die Wurzeln des Gemüses“ und machte mich mit dem Inhalt des Buches vertraut. Später, als ich das Dharma predigte, konnte ich frei daraus zitieren. Mit der Zeit wußte ich „Die Wurzeln des Gemüses“ nicht nur aufgrund seiner Kürze, seiner Treffsicherheit, seines Taktes und seines Charmes zu schätzen, sondern auch aufgrund seines Reichtums an philosophischer und literarischer Anmut; es ist volksnah und erhaben zugleich. Seine literarische und künstlerische Bedeutung ist von solcher Tiefe und Zeitlosigkeit, daß jeder einzelne Spruch als Motto im alltäglichen Umgang mit Menschen und Ereignissen dienen kann.

Über dreißig Jahre war alles, was ich sagte und tat, dem Ziel untergeordnet, das Dharma zu predigen und den Geist der Menschen zu entwickeln. Vor kurzem wurde mir klar, daß manches von dem, was ich gesagt habe, den gleichen Stil hat wie „Die Wurzeln des Gemüses“ und daß eine Sammlung dieser Worte den jungen Menschen von heute dabei helfen könnte, ihren Körper und Geist zu entwickeln. Voller Freude über diese Möglichkeit machten sich einige meiner Fo Guang Shan-Schüler daran, meine Vorträge, Tagebucheinträge, Dharma-Gespräche und Eröffnungsreden zu sammeln – insgesamt über 2000 Sprüche. Für die Veröffentlichung von „Buddhas kleines Stundenbuch (Die Wurzeln des Dharma)“ habe ich daraus 100 ausgewählt.

Vier Hoffnungen verbinde ich mit dieser Veröffentlichung:

1) Dieses Buch hat eine Auswahl von Worten zum Inhalt, die ich zu den unterschiedlichsten Menschen gesagt habe. Gegenwärtig unterstützt unsere Gesellschaft die spirituelle Entwicklung. Ich hoffe aufrichtig, daß die Menschen, die dieses Buch lesen, erkennen, welchen Nutzen es hat, Verdienste zu erstreben sowie Körper und Geist zu reinigen und dadurch einen Beitrag zu unserer gesellschaftlichen Entwicklung zu leisten.
2) Ich bin viel durch die Welt gereist und habe das Dharma gepredigt. Meist sind es Tausende von Menschen, die diesen Veranstaltungen beiwohnen. Obwohl ich mich darüber freue, bedaure ich es gleichzeitig, daß ich nicht mit jedem einzelnen Schüler und Freund direkt und in Ruhe sprechen kann. Ich widme ihnen dieses Buch in der Hoffnung, daß es eine Brücke zwischen unseren Herzen schlagen möge und daß es mir gelinge, auf diese Weise mein Bedauern zu verringern.
3) Im Bereich der modernen Bildung ist ein schwerwiegender Mangel an Büchern zu verzeichnen, die zum Lernen und zur Entwicklung von Körper

und Geist ermutigen. Ich hoffe, daß dieses Buch bei zahlreichen Lesern Verwendung findet als Nachschlagewerk und Leitfaden für die Entwicklung des Geistes und deren Zukunft nachhaltig beeinflußt.

4) „Buddhas kleines Stundenbuch (Die Wurzeln des Dharma)" ist, wie das altehrwürdige „Die Wurzeln des Gemüses", kein üppiges Festmahl, sondern eher eine schlichte Beilage, die zu einer einfachen Mahlzeit gereicht wird. Ich hoffe, daß meine Leser darin spirituelle Stärkung, vollkommene Entspannung und Glückseligkeit finden.

Hsing Yun
Hsi Lai Temple, Los Angeles
August 1998

Die traurigste Sache im Leben
ist, keine Hoffnungen für die eigene Zukunft zu haben.
Die schlechteste Angewohnheit
ist, keinen Plan zu haben, wie man sein Ziel erreicht.

人生最大的悲哀，是沒有希望；人生最壞的習慣，是沒有計劃。

Wenn du eine Klippe erklimmst,
brauchst du Büsche, um dich daran festzuhalten.
Wenn du den Herausforderungen des Lebens
gegenüberstehst,
brauchst du Rat und Hilfe.

一個登山的人在懸崖峭壁，所迫切需要的是青藤小樹；
一個上進的人在人生險途，所急於需要的是善言指南。

Was uns am meisten behindert,
ist nicht ein Mangel an Fähigkeit,
sondern ein Mangel an Verständnis.
Der Schlüssel zum Erfolg liegt nicht
in unseren Empfehlungsschreiben,
sondern in unserem Willen zu lernen.

人生之大病，不在無用，而在無明；
事業之成功，不在學歷，而在學力。

Indem wir den kürzeren Hebel ansetzen,
können wir unsere Tugend stärken.
Indem wir uns in andere hineinversetzen,
können wir Mitgefühl entwickeln.
Indem wir die Dinge akzeptieren, wie sie sind,
können wir sorglos sein.
Indem wir genießen, ohne zu besitzen,
können wir immer glücklich sein.

「學習吃虧」能養德，「人我互調」能慈悲；
「當然如此」能自在，「享有就好」能常樂。

Keinen Zorn gegen Freunde zu hegen
führt zur Leichtigkeit.
Ohne Täuschung zu leben
führt zur Glückseligkeit.
Nichts halten und besitzen zu wollen
führt in das Reine Land.*
Sich ohne Streben nach Erfolg zu entwickeln
führt zum Nirvana.

*(Reines Land: Ein Leben, in dem Mitgefühl und Spiritualität im Zentrum der Aufmerksamkeit stehen und Ziel jeder Entwicklung bilden.)

交友以無瞋為自在，做人以無癡為清涼，
用心以無相為淨土，修行以無得為涅槃。

Unsere Fähigkeiten steigern sich,
wenn wir uns anstrengen.
Unser Wissen wächst,
wenn wir bescheiden bleiben.

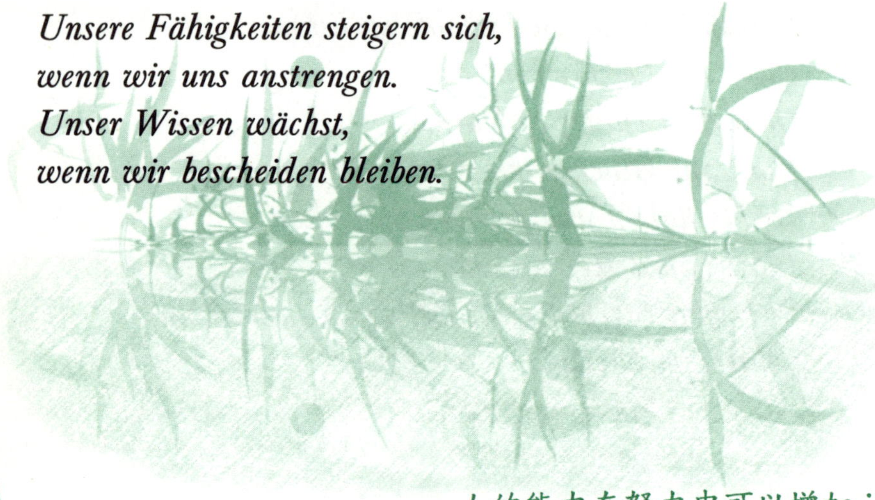

人的能力在努力中可以增加；
人的學問在虛心下可以進步。

Der Sinn der Gesundheit
liegt in einem gesunden Körper und einem lebhaften Geist,
nicht in Macht und Stärke.
Der Sinn der Langlebigkeit
liegt in der Ansammlung von Wissen,
nicht in der von Tagen und Jahren.

人的健康，主要在身心健全，而非勇武有力；
人的長壽，主要指延續慧命，而非長命百歲。

Während du lernst,
laß dich von Freude erfassen.
Während du Rat erteilt bekommst,
öffne deinen Geist.
Während du Verantwortung übernimmst,
fasse Mut.
Während du Umgang mit anderen pflegst,
bleibe respektvoll.

上課聞道要有歡喜心，指導訓話要有接受心，
做事擔當要有勇敢心，和人相處要有恭敬心。

Alles hat seine Vor- und Nachteile,
wir müssen nur wissen, wie wir sie abwägen.
Behalte stets das Mögliche im Auge,
denn selbst aus Steinen und Stöcken
läßt sich etwas Schönes erschaffen.

凡事皆有利弊，只要懂得權衡之道，
往大處著眼，枯石朽木也能入藥。

Jeder hat Stärken und Schwächen,
wir müssen nur wissen, wie wir das Beste
in anderen erwecken.
Richte deine Aufmerksamkeit stets auf die Stärken
deiner Mitmenschen,
denn selbst geborstenes Kupfer und sprödes Eisen
können zu Stahl geschmiedet werden.

凡人皆有長短，只要懂得用人之道，
取彼之所長，破銅爛鐵也能成鋼。

Beim Arbeiten gibt es keinen wirklichen Unterschied
zwischen dem Bedeutenden und dem Untergeordneten.
Beim Dienen gibt es keinen wirklichen Unterschied
zwischen dem Würdigen und dem Wertlosen.
Beim Lernen gibt es keinen wirklichen Unterschied
zwischen dem Jungen und dem Alten.
Bei der inneren Entwicklung gibt es keinen wirklichen
Unterschied
zwischen dem Weisen und dem Einfältigen.

工作時沒有貴賤之分，服務時沒有高低之別，
讀書時沒有老少之分，修道時沒有聖凡之界。

Nimm nicht mehr, als du essen kannst,
versprich nichts, was du nicht halten kannst,
übernimm keine Aufgaben, die du nicht erfüllen kannst,
bürde dir nicht mehr auf, als du tragen kannst.
Sei du selbst, dann liegt jeder Augenblick in deiner Hand.
Überschreitest du deine Grenzen,
setzt du deine Zukunft aufs Spiel.

不吃過頭的飯，不講過頭的話，
不走過頭的路，不做過頭的事。
本份，照顧當下；過頭，失去未來。

Den Weg zur Erfüllung finden wir,
indem wir nicht nach Unerreichbarem streben.
Den Weg zur Zufriedenheit finden wir,
indem wir unsere Fahne nicht nach dem Wind hängen.
Den Weg zur Wahrhaftigkeit finden wir,
indem wir nicht hinterhältig sind.
Den Weg zu einem reinen Körper und einem reinen Geist
finden wir,
indem wir nicht selbstsüchtig sind.

不妄求是知足的生命，不投機是本份的性格，
不計謀是誠實的做人，不自私是淨化的身心。

Sorge dich nicht,
wenn andere dich nicht mit Respekt behandeln.
Denke lieber darüber nach,
ob du andere mit Respekt behandelst.

不患人之不重己， 應患己之不重人。

Ein Mensch, der seine Fehler nicht
wiedergutmachen will,
ist unverbesserlich.
Ein Mensch, der nichts Gutes tun möchte,
kann keine Erlösung finden.

不想改過的人，無法調教；
不想向善的人，無法得度。

Der Ozean ist mächtig,
weil er auch noch den kleinsten Strom willkommen heißt.
Verpasse keine Gelegenheit, eine gute Tat zu vollbringen,
sei sie auch noch so gering.

不辭小水，方能成就海洋；
不積小善，無以圓滿至德。

Wenn du nicht argumentieren willst,
bist du dickköpfig.
Wenn du nicht argumentieren kannst,
bist du töricht.
Wenn du Angst hast zu argumentieren,
bist du ein Sklave.
Wenn du dich weigerst zu argumentieren,
bist du verblendet.

不願說理是固執，不會說理是愚者，
不敢說理是奴隸，不肯說理是無知。

Hege freundliche Gedanken,
dann wird jeder Tag ein guter Tag.
Lebe in Harmonie mit deinen Nachbarn,
dann wird jeder Ort zum Reinen Land.

心懷善念，日日是好日； 里鄰和睦，處處是淨土。

Vermischt mit Schlamm
wird selbst klares Wasser trüb.
In schlechter Gesellschaft
verdirbt selbst ein aufrechter Charakter.

水入汙泥，雖清亦濁； 人入邪惡，雖正亦奸。

Es liegt in der Natur des Wassers,
von oben nach unten zu fließen.
Um Hindernisse zu überwinden,
ist die richtige Anleitung der Schlüssel.
Es liegt in der Natur des Menschen,
daß wir gerne nehmen.
Um gute Beziehungen aufzubauen,
müssen wir großzügig sein.

水之性，在由高而下，故宜因勢利導，以為疏通之則；
人之性，在有所獲得，故當喜捨布施，以為結緣之方。

Harte Zähne brechen leicht,
deshalb schätzt der Weise Nachgiebigkeit.
Scharfe Klingen splittern leicht,
deshalb schätzt der Weise die Mittelmäßigkeit.

牙齒以堅硬易毀，故聖賢貴柔；
刀刃以尖銳快摧，故聖賢貴渾。

Drachen sind selten, einen zu sehen, ist reiner Zufall,
deshalb schätzt der Weise das Versteckte.
Der Ozean ist weit, er ist schwer zu messen,
deshalb schätzt der Weise die Tiefe.

神龍以難見稱瑞，故聖賢貴潛；
滄海以汪洋難量，故聖賢貴深。

Denke weltumspannend.
Lebe moralisch.
Sprich überzeugend.
Lerne zeitgemäß.

思想要國際化，生活要律儀化，
語言要古典化，學習要現代化。

Was wir geben, erhalten wir zehnfach zurück.
Wenn wir die Gebote befolgen,
werden unsere Handlungen, Worte und Gedanken rein.
Wenn wir Geduld haben,
kommt das uns selbst und anderen zugute.

布施可以種一收十，持戒可以三業清淨，忍辱可以自他得益。

Wenn du fleißig arbeitest,
kannst du alles erreichen.
Wenn du Achtsamkeit übst,
finden Körper und Geist Ruhe.
Wenn du weise bist,
enthüllen sich selbst kleinste Einzelheiten.

精進可以無事不成，禪定可以身心安住，智慧可以洞察秋毫。

Wenn wir uns über andere lustig machen,
läßt das eine Flut von Hindernissen über uns hereinbrechen.
Wenn wir anderen offen und mit Verständnis begegnen
kommen wir der Erleuchtung einen Schritt näher.
Wenn wir andere mit unserer Macht erniedrigen
zieht das unmittelbar Ärger nach sich.
Wenn wir die Moral der Menschen verbessern,
läßt das unseren Ruhm ewig währen.

以言語譏人，取禍之大端；以度量容人，集福之要術；
以勢力折人，招尤之未遠；以道德化人，得譽之流長。

Wenn Geben für uns Haben bedeutet,
gibt es keinen Geiz.
Wenn Arbeit für uns Freude bedeutet,
gibt es keine Bitterkeit.
Wenn Fleiß für uns Reichtum bedeutet,
gibt es keine Armut.
Wenn Geduld für uns Stärke bedeutet,
gibt es keine Angst.

以捨為有，則不貪；以忙為樂，則不苦；
以勤為富，則不貧；以忍為力，則不懼。

Indem wir studieren, lernen wir ...

... wie wir uns verhalten sollen.

... wie wir Dinge ausdiskutieren können.

... wie wir Ursache und Wirkung erkennen können.

... wie wir den Geist verstehen können.

求學讀書要：讀做一個人，讀明一點理，

讀悟一點緣，讀懂一顆心。

Das weltliche Wissen hat Grenzen,
Buddhas Lehren aber sind grenzenlos.
Das weltliche Wissen kommt und geht,
die Wahrheit aber bleibt immer neu.

世學有漏，佛法無邊；知識變易，真理常新。

Freundliche Worte, denen keine guten Taten folgen,
sind wertlos.
Gute Taten, denen keine freundlichen Worte folgen,
sind nichtig.

只說好話不做好事，好話等於廢話；
只做好事不說好話，好事等於無事。

Manche Menschen versagen, weil sie darauf beharren, die Dinge auf ihre eigene Weise zu regeln.
Andere Menschen sind erfolgreich, weil sie zusammen mit anderen das tun, was gut ist.

失敗之人，不外乎一意孤行、剛愎自用；
成功之人，大多能與人為善、從善如流。

Manche Menschen versagen,
weil ihre Begeisterung nur fünf Minuten währt.
Andere Menschen sind erfolgreich,
weil sie auch die letzten fünf Minuten durchhalten.

失敗者，往往是熱度只有五分鐘的人；
成功者，往往是堅持最後五分鐘的人。

Die beste Sache der Welt
ist die Glückseligkeit.
Die edelste Tat der Welt
ist der Aufbau von Beziehungen.
Die größte Macht der Welt
ist die Geduld.
Die stärkste Verpflichtung der Welt
ist die Hilfsbereitschaft.

世間最好的東西，是歡喜；世間最貴的善舉，是結緣；
世間最大的力量，是忍耐；世間最強的願力，是甘願。

Mit Geld kann man Diener kaufen,
aber keine guten Freunde.
Mit Geld kann man Menschen kaufen,
aber nicht ihre Herzen.

金錢可以買得到奴隸，但買不到人緣；
金錢可以買得到群眾，但買不到人心；

Mit Geld kann man Fisch und Fleisch kaufen,
nicht aber das Verlangen danach.
Mit Geld kann man einen Palast kaufen,
nicht aber den Frieden der Seele.

金錢可以買得到魚肉，但買不到食慾；
金錢可以買得到高樓，但買不到自在；

Mit Geld kann man schöne Kleider kaufen,
jedoch keinen guten Charakter.
Mit Geld kann man Aktien und Wertpapiere kaufen,
jedoch keine Zufriedenheit.

金錢可以買得到美服，但買不到氣質；
金錢可以買得到股票，但買不到滿足；

Mit Geld kann man Bücher kaufen,
aber keine Weisheit.
Mit Geld kann man ein Bett kaufen,
aber keinen ruhigen Schlaf.

金錢可以買得到書籍，但買不到智慧；
金錢可以買得到床鋪，但買不到睡眠。

Emsigkeit ist wie ein Geldbaum.
Sparsamkeit ist wie eine Schatzkiste.
Fleiß kann uns tausend Scheffel Korn ernten lassen.
Achtsamkeit kann uns den ganzen Kosmos bescheren.

生產好似搖錢樹，節儉猶如聚寶盆，
勤快能換萬擔糧，用心擁有全宇宙。

Wähle Soldaten aus
aufgrund ihres Mutes.
Stelle Menschen ein
aufgrund ihrer Begabung.
Fälle Entscheidungen
wie sie die Logik fordert.
Verwende dein Geld
wie es die Tugend verlangt.

用兵擇其勇，用人擇其才，用理擇其道，用錢擇其德。

Tugend und Prinzipientreue seien deine persönliche Disziplin.
Freundlichkeit, Ehrlichkeit, Verläßlichkeit und Gerechtigkeit seien die Grundfesten,
auf denen deine Beziehungen zu den Menschen ruhen.
Ernsthaftigkeit und Fleiß seien der Antrieb für deine Handlungen.
Mitgefühlt und Hilfsbereitschaft seien deine Motivation, anderen zu helfen.

耿介嚴正，用以律己；忠厚義氣，用以待人；
真誠勤勉，用以任事；慈悲發心，用以行善。

Glaube, der aus Gefühl entsteht,
ist kurzlebig.
Achtung, die durch Tugend verdient wird,
hat tiefe Wurzeln.

用感情換取他人的信仰，無法長久；
用道德建立他人的尊敬，歷久彌深。

Indem wir uns der Vergänglichkeit bewußt sind,
können wir Ursprung und Ende der Dinge erkennen
und so unsere Übungen fleißig durchführen.
Indem wir gewahr bleiben, daß wir kein Selbst haben,
können wir unsere wahre Natur erkennen
und so Seelenfrieden erlangen.

由「無常」，可悟緣起緣滅，必能精進；
由「無我」，可知性真性實，必得自在。

Wenn deine Augen den Wert anderer erkennen können,
wirst du mehr Hilfe von ihnen erfahren.
Wenn dein Mund von Worten der Tugend erfüllt ist,
wirst du mehr Verdienste ansammeln.
Wenn deine Ohren frei von Lästereien sind,
wirst du mehr Frieden und Harmonie wahrnehmen.
Wenn dein Herz Buddha beherbergt,
wirst du mehr Freude empfinden.

目中有人助緣多，口中有德福報多，
耳中清淨和諧多，心中有佛歡喜多。

Wenn du lernst,
strebe nach Tiefe und Weite.
Wenn du an dir arbeitest,
sei geduldig und verständnisvoll.

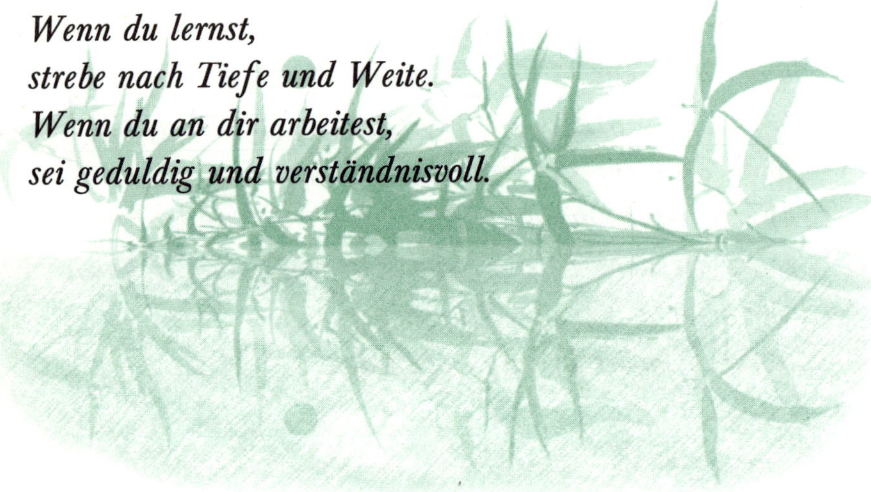

在學識上要力求博大精深，在修養上要力求忍耐包容。

Um gesund zu bleiben,
iß leicht, einfach und mäßig.
Um mit dem Leben fertig zu werden,
ertrage Mühsal, erdulde Verlust und sei stark.

養生之道，在於吃得淡，吃得粗，吃得少；
處世之道，在於吃得苦，吃得虧，吃得重。

Um dich selbst zu beobachten, schau nach innen.
Um dich selbst zu erneuern, reinige dich beständig.
Um dich selbst zu üben, suche nicht außerhalb deiner.
Um dich selbst von dir zu lösen, mache keine Unterschiede.

自我觀照，反求諸己；自我更新，不斷淨化；
自我實踐，不向外求；自我離相，不計內外。

Hast du Ackerland, bearbeitest es aber nicht,
kannst du nichts ernten.
Hast du Geld, willst es aber nicht ausgeben,
bist du nicht wirklich reich.

有田不種，必無收成；有錢不用，必空積聚。

Das Irdische ist eine Illusion;
doch verweigerst du dich ihm,
wirst du nur schwerlich zum Buddha werden.
Das Überirdische ist wahr,
aber wenn du daran festhältst,
wird sich sein Glanz verhüllen.

有為法雖假，棄之則佛道難成；
無為法雖真，執之則慧光不朗。

Bücher, die von der Wahrheit sprechen –
lies so viele du kannst.
Bücher, die lehren,
das Richtige vom Falschen zu unterscheiden –
lies viele von ihnen.
Bücher, die Belangloses erzählen –
lies sie nur spärlich.
Bücher, die Unmoralisches predigen –
lies keines davon.

有道之書盡讀，明事之書多讀，
閒雜之書少讀，邪妄之書不讀。

Angesichts des Todes stirb mit einem Ziel –
mancher Tod ist gewichtig,
wie die Berge von Tai-Shan;*
andere sind unbedeutend,
wie die Feder einer Gans.

*(berühmte Bergkette in China)

死，要死得有價值；死有重如泰山，有輕如鴻毛；

Im Kreislauf des Lebens, lebe in Würde –
manche leben ein beispielhaftes Leben, geben ein Vorbild ab für viele folgende Generationen;
manche leben ein schändliches Leben, und man scheut ihren Namen für Tausende von Jahren.

活，要活得有尊嚴；活有流芳百世，有遺臭萬年。

Als Eltern sollten wir voll und ganz bereit sein,
unsere Kinder aufzuziehen.
Als Lehrer sollten wir voll und ganz bereit sein,
unsere Schüler zu unterrichten.
Als Schüler sollten wir voll und ganz bereit sein,
zuzuhören und zu lernen.
Als Söhne und Töchter sollten wir voll und ganz bereit sein,
unsere Eltern zu lieben und uns um sie zu kümmern.

為人父母，要心甘情願養育子女；
為人師長，要心甘情願作育英才；
為人學生，要心甘情願承受教誨；
為人子女，要心甘情願孝養父母。

Wenn du etwas Neues beginnst,
sei nicht zu ungeduldig.
Wenn du mit Menschen zu tun hast,
die du nicht magst, sei nicht zu unbeherrscht.
Wenn du jemanden zum Guten bekehrst,
verlange nicht zuviel.

求革新不可太快，厭惡人不可太兇，要他好不可太過，

Wenn du Arbeit annimmst, sei nicht zu voreilig.
Wenn du anderen zuhörst, sei nicht unaufmerksam.
Wenn du an dir selbst arbeitest, sei nicht zu nachsichtig.

用人才不可太急，聽發言不可太率，對自己不可太寬。

Wer fähig ist, ist überall ein Gewinn für alle.
Wer unfähig ist, macht es allen überall schwer.

有能力的人，處處給人方便；
無能力的人，處處給人為難。

Wenn du nicht lernen willst,
kann dir niemand helfen.
Wenn du entschlossen bist zu lernen,
kann dich niemand aufhalten.

自己不學好，別人幫不了；自己要學好，誰也擋不了。

Mut wächst im Geist.
Freundlichkeit erblüht in unseren Handlungen.

勇氣須從一念中求，仁慈須從行儀裡找。

Die Lektionen des Lebens zu lernen, ist wichtiger,
als sich Schulwissen anzueignen.
Moralisches Wissen zu erlangen ist wichtiger,
als Ruhm und Reichtum zu suchen.
Unabhängiges Denken zu erlernen, ist wichtiger,
als die Meinung anderer zu übernehmen.
Frei zugängliche Bildung ist wichtiger als Bildung,
die den Privilegierten vorbehalten ist.

生活的教育重於知識的教育，道德的教育重於功利的教育，
普及的教育重於特權的教育，自覺的教育重於接受的教育。

Sitze aufrecht wie eine Glocke.
Stehe gerade wie eine Kiefer.
Halte dich strahlend und sauber wie ein Spiegel.
Richte dich nach der Etikette wie nach einem Lehrsatz.
Denke rein und klar wie ein Fluß.

坐姿如鐘，必須穩重；站立如松，必須正直；
容貌如鏡，必須明淨；行止如法，必須合儀；
思想如流，必須清澄。

Ein Bauer pflügt und jätet auf dem Feld.
Ein Schriftsteller pflügt und jätet auf dem Papier.
Ein Lehrer pflügt und jätet auf der Tafel.
Ein Zen-Praktizierender pflügt und jätet im Geist.

作家在稿紙上耕耘，農夫在土地上耕耘，
教師在黑板上耕耘，禪者在心地上耕耘。

Wenn wir aus den Erfahrungen des Lebens lernen,
können wir gute Beziehungen aufbauen.
Wenn wir unseren Geist ausbilden,
legen wir den Samen, uns zu verbessern.

人我相處之道，靠生活教育來訓練；
自我提昇之道，靠思想教育來啟發。

Wenn wir die Fehler anderer übersehen können,
werden wir von Tag zu Tag besser.
Wenn wir viel von uns erwarten,
lernen wir jeden Tag immer mehr.

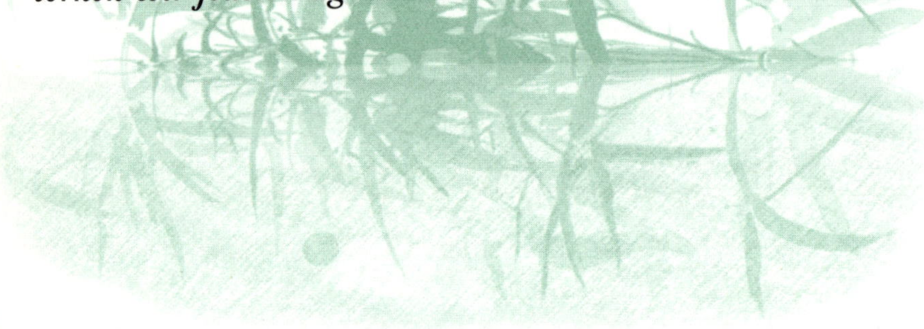

事事肯放過他人則德日昇，事事不放過自己則學日密。

Ohne neue Ideen gibt es keinen Fortschritt.
Ohne einen weiten Horizont gibt es keine Voraussicht.

沒有新觀念，不會有進步；沒有大格局，不會有遠見。

Zwar können wir nicht erwarten,
daß alles, was wir tun, vollkommen ist,
doch sollten wir zumindest die Verantwortung tragen
und nach Vollendung streben.
Zwar können wir nicht von jedem erwarten,
daß er alles kann,
aber wir können zumindest unser Bestes geben
und tun, was unseren Fähigkeiten entspricht.

事，無法要求「完美」，但至少要能「完成」，才算盡到己責；
人，無法要求「萬能」，但至少做到「可能」，就能堪受擔當。

Suchen wir die Gesellschaft der richtigen Menschen,
führt das zu einem Leben voller Freude.
Tun wir uns mit den falschen Menschen zusammen,
bringt das ein Leben voller Unglück.

依附得人，可獲終身快樂；投靠非類，將造一生之殃。

Wenn wir Geschick im Umgang mit Menschen erwerben,
können wir ein gutes Leben führen.
Wenn wir uns geistige Erziehung angedeihen lassen.
können wir alle Menschen erreichen.

受社會教育，為一家謀生；受心靈教育，為萬眾化導。

Erleuchte den Geist mit dem Licht der Weisheit.
Erziele spirituelle Reife durch das Wesen des Buddha.
Heile Verunreinigung durch die sechs Paramitas[*].
Vergrößere deinen inneren Reichtum mit den sieben Saptadhana[**].

**(Die sechs Paramitas – Tugenden – eines Erleuchteten: Großmut, Beachtung der Gebote, Gleichmut, energetischer Fortschritt, Meditation und Weisheit)*
***(Die sieben Saptadhana – großen Gnaden: Glaube, Beachtung der Gebote, Hören des Dharma, Scham, Reue, Entsagung und Weisheit)*

以智慧燈來點亮心光，以自性佛來成就內心，
以六度法來治療心病，以七聖財來豐富內財。

Das Glück lacht dem Mutigen.
Segnungen werden stets den Ehrlichen
und den Freundlichen zuteil.

幸運，總是垂青於勇敢的人；
福報，總是降臨於厚道的人。

Bist du arm, sei verläßlich und willensstark.
Bist du in Gefahr, sei voller Glauben und Mut.
Bist du reich, sei freundlich und großzügig.
Folgst du Buddha, sei reinen Geistes und
voller Lebenskraft.

在貧困中，要有忠心志氣；在危難中，要有信心勇氣；
在富貴中，要有善心義氣；在修持中，要有正心道氣。

Wissen hilft uns, unser Leben zu regeln;
setzen wir es nicht ein, ist es nutzlos.
Buddha lehrt uns, unseren Geist zu beherrschen;
tun wir das nicht, ist seine Lehre nutzlos.

所謂學問，在於治事，事不治，縱學無益；
所謂佛法，在於治心，心不治，縱修無成。

Das, was geschieht, ist weder gut noch schlecht;
der Unterschied entsteht in unserer Wahrnehmung.
Die Umstände sind weder günstig noch ungünstig;
der Unterschied besteht nur in unserem Geist.

法無善惡，善惡是法；境無損益，損益在人。

Wer nie aufhört zu lernen,
ist weise.
Wer es nie müde wird zu lehren,
ist gütig.
Wer Freude an seiner Arbeit hat,
ist fleißig.
Wer sich nie über Belastungen beklagt,
hat viele Fähigkeiten.

治學不厭是智者，教育不倦是仁者，
做事不苦是勤者，受苦不訴是能者。

Verständnis für sich selbst und Disziplin
sind der Königsweg zum richtigen Verhalten
in Gesellschaft.
Verständnis für andere und Hilfsbereitschaft
sind die Grundlage für gute Beziehungen
zu anderen Menschen.

知己、律己，是立身處世之要道；
容他、助他，是人際相處之良津。

Wenn du das Leid verstehst,
wirst du zufrieden sein und nicht fordern.
Wenn du die Reue verstehst,
wirst du dich weiterentwickeln und
nicht auf der Stelle treten.

知苦惱，才會本份不妄求；知慚愧，才能進步不退化。

Hast du den Mut, Fragen zu stellen,
wächst deine Weisheit.
Kannst du zuhören, wirst du lernen.
Bist du geschickt im Umgang mit Menschen,
entwickelt sich dein Verständnis.

敢於發問，問出智慧；長於聽聞，
聞出對話；善於溝通，談出共識；

Kennt dein Denken keine Grenzen,
entfaltet sich deine Kreativität.
Bist du bereit, Herausforderungen zu begegnen,
vervielfacht sich deine Stärke.
Übst du dich in Meditation,
erwächst daraus deine Tugend.

勇於思考，想出創意；受於鍛鍊，
磨出實力；安於靜修，修出道德。

Dem zu vertrauen, was andere sagen,
ohne darauf zu achten, was sie tun,
ist die Narrheit des Weisen.
Dem zu vertrauen, was andere tun,
ohne darauf zu hören, was sie sagen,
ist die Weisheit des Narren.

信其言，不察其行，是智者之愚；
信其行，不察其言，是愚者之智；

Darauf zu achten, was andere sagen,
und auf das, was sie tun
ist die Weisheit des Weisen.
Weder darauf zu achten, was andere sagen,
noch darauf, was sie tun,
ist die Narrheit des Narren.

察其言，亦察其行，是智者之智；
不察言，亦不察行，是愚者之愚。

Sich selbst etwas beizubringen,
verleiht uns den Antrieb, der zum Erfolg führt.
Sich selbst zur Disziplin anzuhalten,
schafft die Voraussetzung,
die unseren Erfolg möglich macht.
Sich selbst zu vertrauen,
ist der Weg, auf dem wir zum Erfolg gelangen.
Sich selbst zu achten,
gibt uns den Schlüssel zum Erfolg an die Hand.

自學，是成功的動力；自律，是成功的條件；
自信，是成功的方法；自尊，是成功的要素。

Sind wir umsichtig, können wir das Glück erlangen.
Arbeiten wir an unserem inneren Wachstum,
mehren wir unser Wissen.
Beherrschen wir unseren Geist,
verbessert das unser Befinden.
Wenden wir an, was wir gelernt haben,
erzielen wir Erfolg.

安排自己能獲得快樂，充實自己能獲得知識，
掌握自己能獲得平安，創造自己能獲得成功。

Die Wahrheit ist auf die Entschlossenheit angewiesen,
um sie aufrechtzuerhalten.
Die Entschlossenheit ist auf die Wahrheit angewiesen,
um sie zu fördern.

真理要靠力量來實踐，力量要靠真理來發揮。

Um uns zu entwickeln,
müssen wir uns jeder Herausforderung stellen.
Um Konflikte zu lösen,
müssen wir die volle Verantwortung übernehmen.

為了完成自己，任何考驗都得忍受；
為了解決紛爭，任何責任皆得擔當。

Um das Leben erfahren zu können,
müssen wir uns auf Wertvorstellungen verlassen,
so daß wir moralische Integrität erreichen.
Um Wissen zu erlangen,
müssen wir uns auf Weisheit verlassen,
so daß der geistige Horizont erweitert wird.

為了體驗人生，應以道德嚴律人格；
為了追求學問，應以智慧擴充心光。

Beim Lernen sollten wir zuerst zuhören,
denken und an uns arbeiten,
dann sprechen, schreiben und handeln.
Befolge die Gebote, übe dich in Vertiefung und Weisheit,
dann wird dein Leben friedvoll und glücklich.

為學當重聞思修，將來必須說寫做，
若能具備戒定慧，必可清淨樂融融。

Zur Wahrung einer guten Gesundheit
iß mäßig.
Zur Aufrechterhaltung guter Beziehungen
sei aufrichtig und bescheiden.
Zur Erhaltung einer guten Familie
versorge sie liebevoll.
Zur Förderung einer guten Karriere
sei fleißig.

若要身體好，飲食要吃少；若要人緣好，誠懇莫驕傲；
若要家庭好，關懷最重要；若要事業好，勤勞來創造。

*Zuflucht zu suchen bei den Drei Kostbarkeiten**
zeigt den Geist der Ebenbürtigkeit,
denn Buddha und fühlende Wesen
sind alle gleich, ohne Unterschied.
*Befolgst du die fünf Gebote***,*
zeigt dies deine Achtung für die Freiheit,
denn indem du andere nicht beleidigst,
gewinnen alle.

*(Drei Kostbarkeiten: Buddha (Meister, Lehrer), Dharma (die Lehre Buddhas) und Sangha (Gemeinschaft derer, die der Lehre folgen))

**(Fünf Gebote des Buddhismus: Nicht Töten, nicht Stehlen, nicht Lügen, kein sexuelles Fehlverhalten, kein Gebrauch von Drogen oder Alkohol)

皈依三寶是平等的精神，因為生佛一如，無高無下；
受持五戒是自由的尊重，因為不侵犯人，彼此受益。

Sobald wir Trugbild und Schein durchschauen,
ist alles erfüllt von Lebendigkeit und Chancen.
Solange wir Trugbild und Schein nicht durchschauen,
stellen sich uns Hindernisse und Mühsal entgegen.

看得破的人，處處都是生機；
看不破的人，處處都是困境。

Forschung
braucht Daten und Informationen.
Kreativität
bedarf der Begabung.
Studium
erfordert tiefes Nachdenken.
Handeln
verlangt die Unterscheidung von Richtig und Falsch.

研究要靠資料，發明得靠才華，
讀書需要深思，做事應該明辨。

Verhalte dich
rechtschaffen und tugendsam.
Erweise dich nicht als Mensch,
der Unrecht nicht von Recht unterscheiden kann.

要做行為正直坦蕩的君子，不做沒有是非觀念的小人。

Das Wesen eines Menschen
kann sein ganzes Leben bestimmen.
Das Wesen einer Gemeinschaft
kann sich auf eine ganze Nation auswirken
und auf viele kommende Generationen.

個人的性格，影響自己一生；
群眾的性格，影響萬世族親。

Die Zeit wird uns Sekunde um Sekunde gegeben;
wir sollten sie Sekunde um Sekunde nutzen.
Bücher werden Wort für Wort geschrieben;
wir sollten sie Wort für Wort lesen.

時間是一秒一秒給你的，所以要一秒一秒的用；
書籍是一字一字寫就的，所以要一字一字的讀。

Mit einem offenen Geist steht uns jeder Weg offen.
Mit einem reinen Geist ist überall das Reine Land.

胸襟寬大，條條都是大路；心意清淨，處處都是淨土

Sind wir fähig, Verluste zu verkraften,
können wir einen Vorteil erlangen.
Sind wir fähig, Leid zu ertragen,
können wir Glückseligkeit erlangen.
Sind wir fähig, freundlich zu sein,
können wir Stärke erlangen.
Sind wir fähig zu geben,
können wir ein Vermögen erlangen.

能吃虧可以獲得大便宜，能受苦可以獲得大安樂，
能和氣可以獲得大力量，能散財可以獲得大聚集。

Mit Menschen umzugehen sollte sein,
wie einen Schneeball zu formen:
Je länger wir ihn rollen,
desto besser ist unsere Verbindung zu ihm.
Mit Dingen umzugehen sollte sein,
wie einen Stoff zu weben:
Je länger wir daran arbeiten,
desto größer unser Geschick dabei.

做人要如滾雪球，越滾越有人緣；
做事要如織錦繡，越織越有成就。

Ozeane entstehen,
weil sie keinen noch so kleinen Fluß zurückweisen.
Berge wachsen,
weil sie keinen Krumen Erde verschmähen.
Wissen vermehrt sich,
wenn wir uns nicht schämen, Fragen zu stellen.
Vollendung entfaltet sich,
wenn wir Fehler nicht vertuschen.

不擇細流終成海洋，不辭土壤終成高山，
不恥下問終致淵博，不飾過失終達善美。

Im Umgang mit Menschen –
hadere nicht mit den Umständen,
nimm alles hin, wie es dir begegnet,
folge deinem Herzen mit Leichtigkeit.
Im Umgang mit Dingen –
beginne dort, wo alles unklar ist,
achte darauf, wo Zweifel auftauchen,
schaffe dort etwas, wo nichts ist,
arbeite hart, wo Schwachstellen sind.

做人要能隨遇而安、隨緣生活、隨心自在、隨喜而作；
處事要從淡處著眼、疑處用心、無處下手、拙處力行。

Um große Aufgaben zu erfüllen,
mußt du entschlossen sein.
Um kleine Aufgaben zu erfüllen,
mußt du aufmerksam sein.
Um schwierige Aufgaben zu erfüllen,
mußt du geduldig sein.
Um gute Taten zu vollbringen,
darfst du keine Belohnung erwarten.

做大事要有魄力，做小事要能細心，
做難事要肯忍耐，做善事要求無相。

Im Umgang mit Dingen
solltest du deine Grenzen kennen.
Es ist nicht leicht, dein Ziel zu erreichen,
wenn du Teile übersiehst,
während du nach dem Ganzen greifst.
Im Umgang mit Menschen
sollten dir deren Fähigkeiten bekannt sein.
Es ist leicht zu versagen,
wenn du ihre Stärken nicht kennst
während du dich auf ihre Schwächen konzentrierst.

做事要能知己，若捨寸就尺，不易獲得成功；
處世要能知人，若捨長取短，容易導致失敗。

Indem du Begabungen schätzt und förderst,
kannst du das Licht weiterreichen.
Indem du Menschen lehrst und sie begeisterst,
kannst du alles weitergeben.

培才愛才，才可以傳燈；教人用人，才可以傳宗。

Indem du den inneren Antrieb entwickelst,
an dir selbst zu arbeiten,
trittst du auch in Zeiten des Müßiggangs
nicht auf der Stelle.
Indem du dein Mitgefühl entwickelst,
andere zu lehren,
kannst du deine Erfahrungen weitergeben.

培養自學的能力，才不會在苟安中退步；
培養教人的胸懷，才能將經驗傳承下來。

Nun folgend einige Seiten, auf denen Sie notieren können, welche Gedanken Ihnen beim Lesen der Weisheiten zu Ihnen selbst und Ihrem Leben durch den Kopf gingen und welche Ideen Sie hatten, wie Sie das Dharma, die Lehre Buddhas, in Ihrem Alltag einbinden und umsetzen können.

Am Ende des Buches finden Sie Adressen der Fo Guang Shan Tempel in Deutschland, in denen die Schule Meister Hsing Yuns bei uns Fuß gefaßt hat.

Meine Gedanken

Meine Gedanken

Meine Gedanken

Meine Gedanken

Meine Gedanken

Meine Gedanken

Meine Gedanken

Meine Gedanken

Meine Gedanken

Meine Gedanken

Meine Gedanken

Meine Gedanken

Meine Gedanken

Meine Gedanken

Meine Gedanken

Tempel des Fo Guang Shan e.V. in Deutschland:

Fo Guang Shan Tempel, Berlin
Ackerstraße 85–86, 13355 Berlin
Tel. 030 - 46 40 41 12
Fax 030 - 4 13 87 23

Fo Guang Shan Tempel, München
Moosacherstr. 14, 80809 München
Tel. 089 - 35 47 38 57
Fax 089 - 35 47 38 60

Weitere Bücher im Schirner Verlag

Meister Hsing Yun

Wahrhaftig Leben

Buddhistische Ethik im Alltag

250 S., Hardcover

€ 16,40 [D]/sFr 29,20

ISBN 3-930944-98-7

Paul Ferrini

Dem Glück auf der Spur

Das Glück des Augenblicks liegt in deiner Hand

160 S., Paperback

€ 10,50 [D]/sFr 19,–

ISBN 3-930944-67-7

Eine in Themen gegliederte Einführung in die buddhistische Lebensweise in eingängiger Sprache und mit Beispielen aus dem Alltag

„Wer diesen Lehren folgt, wird so strahlend wie die Sonne und der Mond und kann alle Dunkelheit überwinden."
aus dem Lotus Sutra

Wenn wir aufhören, in unserem Leben nach Fehlern zu suchen, können wir es erfüllter leben. Dann bewegt sich unser Leben mit Kraft, Zielgerichtetheit und Integrität. Nichts fehlt, nichts ist verbesserungsbedürftig, nichts kaputt. Es ist vollkommen, so wie es ist.

Paul Ferrini

Leben in Hingabe

Wie man sein Herz öffnet und darin wohnen bleibt

120 S., Paperback

€ 10,50 [D]/sFr 19,–

ISBN 3-930944-92-8

„Wenn ich in diesem Buch über Hingabe spreche, geht es darum, das Ego-Bewußtsein aufzugeben, die Trennung von Herz und Verstand zu überbrücken und eine Bewußtheit zu entwickeln, die größer ist und umfassender."

Margit Dahlke & Ruediger Dahlke

Meditations-Führer

Finden Sie die für Sie richtige Meditations-Methode

400 S., Paperback

€ 15,30 [D]/sFr 27,20

ISBN 3-930944-83-9

Vorgestellt werden über 130 verschiedene Meditationsformen, geordnet nach astrologischen Archetypen – so finden Sie die passende Methode zur gerade vorherrschenden Energie.

CD-Programm Themenkreis MEDITATION

*alle CDs: € 15,30/sFr 29,90**

Chakras:
Die Musik
Musik zur Aktivierung der Energiezentren
Spielzeit: 47:39 Min.
Konzept: Heike Owusu
ISBN 3-89767-023-2

Hatha Yoga
Die wichtigsten Grundpositionen
Spielzeit: 66:32 Min.
Konzept: Heike Owusu
ISBN 3-930944-74-X

Chakras:
Die Übungen
Übungen mit Musik zur Aktivierung der Energiezentren
Spielzeit: 47:28 Min.
Konzept: Heike Owusu
ISBN 3-89767-022-4

Antar Sangeet
Klangschalen-Meditation
Vier Klangbilder mit Klangschalen
Spielzeit: 61:08 Min.
ISBN 3-89767-093-3

*unverbindl. Preisempfehlg.